BEI GRIN MACHT SIC[H] WISSEN BEZAHLT

Bibliografische Information der Deutschen Nationalbibliothek:

Die Deutsche Bibliothek verzeichnet diese Publikation in der Deutschen National-
bibliografie; detaillierte bibliografische Daten sind im Internet über http://dnb.d-
nb.de/ abrufbar.

Impressum:

Copyright © 2016 GRIN Verlag
Druck und Bindung: Books on Demand GmbH, Norderstedt Germany
ISBN: 9783346147813

Dieses Buch bei GRIN:

https://www.grin.com/document/541136

Riccarda Jung

Was bedeutet Schizophrenie für die Betroffenen?

Einblick und Aufklärung über das Leben mit einer psychischen Störung

GRIN Verlag

GRIN - Your knowledge has value

Der GRIN Verlag publiziert seit 1998 wissenschaftliche Arbeiten von Studenten, Hochschullehrern und anderen Akademikern als eBook und gedrucktes Buch. Die Verlagswebsite www.grin.com ist die ideale Plattform zur Veröffentlichung von Hausarbeiten, Abschlussarbeiten, wissenschaftlichen Aufsätzen, Dissertationen und Fachbüchern.

Besuchen Sie uns im Internet:

http://www.grin.com/

http://www.facebook.com/grincom

http://www.twitter.com/grin_com

Wissen wir wirklich was Schizophrenie für die Betroffenen bedeutet?

Riccarda Jung

Inhaltsverzeichnis

Anlagenverzeichnis

1. Einleitung

Die Psychologie ist die wissenschaftliche Lehre von den normalen seelischen Vorgängen einschließlich der praktischen Anwendungen[1] und erklärt, was das Wesen des Menschen ist, indem sie das Verhalten des Individuums wissenschaftlich untersucht und die Prozesse innerhalb eines Individuums, als auch die Kräfte in seiner physischen und sozialen Umwelt, betrachtet. Die Grundlagenforschung der Psychologie beschäftigt sich mit dem Beschreiben, Erklären, Vorhersagen und Kontrollieren von Verhalten. Verhalten ist Aktivität und ist das Mittel, durch welches sich der Organismus an die Umwelt anpasst. Beobachtbares Verhalten eines Menschen ist z.b. weinen, lachen, sprechen, rennen, schlagen und berühren[2].

Das Verhalten des Menschen ohne die Wahrnehmung, also dem Erleben von Stimuli der Außenwelt, wäre nicht denkbar. Informationsverarbeitung und Verhalten beginnen mit der Wahrnehmung von Umweltreizen, die man sehen, hören, fühlen, riechen oder schmecken kann. Die Sinnesrezeptoren werden durch die entsprechenden Reize, wie Licht, Schall, Druck oder chemische Stoffe, stimuliert. Durch Störungen der Wahrnehmung können physische und psychische Erkrankungen entstehen[3].

Die Psychiatrie ist im Gegensatz zur Psychologie die gesamte Lehre von seelischen Krankheiten und umfasst weit mehr als psychologisches Verfahren. Hier wird das Verhalten, was der Arzt beobachtet, und das Erleben, was der Patient berichtet, die Bewusstseinslage, die Wahrnehmung, das Denken, Antrieb, Intelligenz, Wahnerleben, Sinnestäuschungen und andere psychotische Symptome beschrieben. Auch fehlende Symptome sind wichtig um eine Diagnose abzuschließen[4].

Eine schwerwiegende psychische Störung ist die Schizophrenie. Dazu fällt den meisten nur Verrücktheit und Wahnsinn ein, denn früher wurden psychisch Kranke behandelt, als wären sie von Dämonen besessen und nicht mehr menschlich. Die Vorurteile und Vorstellungen der Öffentlichkeit haben

---

[1] Vgl. Schulte/Tölle 1979, S. 1
[2] Vgl. Zimbardo/Gerrig/Graf 2007, S. 3, S. 5
[3] Vgl. Prof. Dr. Lars Jansen 2015, 1171-01, S. 7
[4] Vgl. Schulte/Tölle 1979, S. 1, S. 23, S. 24

dementsprechend oft wenig mit der Wirklichkeit zu tun. Für viele Betroffene ist
diese Krankheit eine lebenslange Strafe, da viele von ihnen ihr gesamtes Leben
im Krankenhaus verbringen, mit wenig Hoffnung jemals wieder ein normales
Leben führen zu können und ausgegrenzt werden.
Jedoch hat man heute die Erkenntnis, dass es sich bei einer psychischen
Störung wie Schizophrenie um eine Krankheit handelt, die behandelbar ist.
Nun stellt sich also die Frage, wieso die Gesellschaft Schizophrene immer noch
behandelt und ansieht als wären es von Dämonen besessene Verrückte?
Wieso werden Psychiatrie-Patienten in den Medien als generell gewalttätige
Verbrecher dargestellt und wieso sind Witze über psychisch Kranke
akzeptabel? Wie kann es sein, dass für einen Patienten der Aufenthalt im
Krankenhaus bzw. die Tatsache der eigenen psychischen Störung genauso
schlimm und zerstörerisch ist, wie das Stigma (Zeichen der Schande), das er
von der Gesellschaft aufgedrückt bekommt?[5]

1.1. Grundlagen der Wahrnehmung

1.1.1. Definition

Wahrnehmung folgt auf die Empfindung von sensorischen Reizen und umfasst
die Prozesse, welche diese Informationen über die externe Welt aufzeichnen,
identifizieren, strukturieren, interpretieren, integrieren und klassifizieren, um
anschließend effektiv auf einen Reiz zu reagieren. Das Fachwort für
Wahrnehmung ist Perzeption, weshalb Wahrnehmungsprozesse auch
perzeptuelle Prozesse genannt werden[6].
Wird ein Sinneseindruck wie der Geschmack „süß" zusammen mit einem
weiteren Geschmack „bitter" wahrgenommen, wird dies als Sinnesempfindung
bezeichnet. Unter Wahrnehmung wird dann die Deutung der
Sinnesempfindung, ein Bezug auf Erfahrenes und Gelerntes, verstanden[7].

---

[5] Vgl. Zimbardo/Gerrig/Graf 2007, S. 690, S. 698, S. 701
[6] Vgl. ebd., Zimbardo/Gerrig/Graf 2007, S. 112, S. 113, S. 156, S. 201
[7] Vgl. Birbaumer/Schmidt 2006, S. 299

1.1.2. Wahrnehmungsprozess

Die Aufnahme von Reizen aus der Umgebung erfolgt durch spezielle Nervenzellen in den Sinnesorganen, die Sinnesrezeptoren oder Sensoren genannt werden. Die Sinnesrezeptoren sind darauf spezialisiert auf bestimmte, für sie spezifische Reize (adäquate Reize) optimal zu reagieren[8].

Die Umweltreize werden als Sinnesreize bzw. Stimuli bezeichnet. Treffen Stimuli auf Rezeptoren, wird an der Zellmembran des Rezeptors eine Potenzialänderung erzeugt[9]. Die primäre Umwandlung eines Reizes in ein Sensorpotenzial wird als Transduktion bezeichnet[10]. Die Transduktion ist also die Transformation einer Energieform in eine andere Energieform[11] und ist notwendig damit der in elektrische Energie umgewandelte Reiz als Information an das Gehirn weitergeleitet werden kann. Erst durch diesen Schritt wird die neuronale Verarbeitung möglich[12].

Die elektrische Energie wird vom Sinnesorgan über Nervenbahnen in das Gehirn weitergeleitet. Hier gibt es für jede Modalität einen speziellen Bereich, der die jeweiligen Impulse des jeweiligen Sinnesorgans empfängt und auswertet. Höhere Gehirnareale integrieren anschließend die Information aus den jeweiligen Modalitäten zu einem schlüssigen Ganzen, also unserer Sicht der Welt[13].

Die Wahrnehmung ist die bewusste sensorische Erfahrung, die dann auftritt, wenn die elektrischen Signale, die von einem Objekt repräsentiert werden, von dem Gehirn auf irgendeine Weise in ihre Erfahrung z.B. des Sehens dieses Objektes transformiert werden. Der Prozess der Wahrnehmung wird untergliedert in die Bottom-Up-Verarbeitung, welche die reizgesteuerte Verarbeitung eingehender Daten meint und in die Top-down-Verarbeitung, welche die wissensbasierte Verarbeitung meint. Manche Objekte können reizgesteuert nicht erkannt werden, oft erschließen sie sich erst, wenn das Wissen über wahrgenommene und erkannte Objekte aktiviert wird. Dies lässt

---

[8] Vgl. ebd., Birbaumer/Schmidt 2006, S. 302
[9] Vgl. Prof. Dr. Lars Jansen 2015, 1171-01, S. 39
[10] Vgl. Birbaumer/Schmidt 2006, S. 302
[11] Vgl. Goldstein/Irtel/Plata 2011, S. 5
[12] Vgl. Prof. Dr. Lars Jansen 2015, 1171-01, S. 43, Vgl. Wendt 2014, S. 55
[13] Vgl. Gegenfurtner 2011, Bd. 19021, S. 8

sich am Beispiel der berufserfahrenen Apothekerin zeigen, die das Gekritzel ihres Arztes auf dem Rezept nur erkennt, wenn sie auf ihr Wissen über die Namen der Medikamente und die Erfahrungen der Handschrift ihres Arztes zurückgreift. Wissen ist zwar nicht immer an der Wahrnehmung beteiligt, jedoch ist es wie im oben genannten Beispiel oft, manchmal sogar unbewusst, der Fall. Zu dem Wahrnehmungsprozess gehört jedoch nicht nur der Schritt z.B. eine Motte, die an einem Baum sitzt, zu sehen und wahrzunehmen, sondern auch zu erkennen, dass es eine Motte und kein Schmetterling ist und aufgrund dieser Wahrnehmung eine Handlung auszuführen, wie z.B. näher zum Baum hinzugehen, um sich die Motte genauer anzusehen. Das Erkennen ist unsere Fähigkeit ein Objekt in eine Kategorie einzuordnen, wie z.B. „Motte", die diesem Objekt eine Bedeutung verleiht. Handlung umfasst die motorischen Aktivitäten, wie das Bewegen des Kopfes oder der Augen, sowie in diesem Beispiel, Lokomotion (Bewegung von einem zum anderen Ort), also das „auf den Baum Zugehen"[14].

1.1.3. Formen der Wahrnehmung

Die Wahrnehmung lässt sich in die visuelle, auditive, somatosensorische, olfaktorische und gustatorische Wahrnehmung einteilen. Eine kurze Erläuterung der einzelnen Formen wird im Folgenden knapp umrissen.
Der *visuelle Wahrnehmungsvorgang* beginnt mit dem Einfall von Lichtstrahlen auf der Retina im Auge. Anschließend wird das einfallende Licht von den Fotorezeptoren in elektrische Potenziale (Fototransduktion) umgewandelt. Die visuellen Informationen werden über den Sehnerv ins Gehirn weitergeleitet[15], welche dort in vielfältiger Weise analysiert werden, wozu jeder Teil des Gesichtsfeldes auf viele mögliche visuelle Merkmale wie z.B. Farbe, Orientierung, Textur, Bewegung oder Tiefe hin untersucht wird[16].
Die *auditive Wahrnehmung* hingegen basiert auf Druckschwankungen der Luft

---

[14] Vgl. Goldstein/Irtel/Plata 2011, S. 6, S.8, S.7
[15] Vgl. Wendt 2014, S. 56, S. 57, S. 76, S. 77, S. 78, S. 102
[16] Vgl. Gegenfurtner 2011, Bd. 19021, S. 39

bzw. des uns umgebenen Mediums, welche hauptsächlich über das Trommelfell aufgenommen und an das Innere des Ohrs übertragen werden. Durch die charakteristische Bewegung der Zilien, wird die Ausbildung von Aktionspotenzialen in den Fasern des Hörnervs bewirkt. Die Grundqualitäten auditiver Wahrnehmung sind Lautheit, Tonhöhe und Klangfarbe.

Die Reizwahrnehmung über die Haut ist die sogenannte *somatosensorische Wahrnehmung*. Die Haut enthält verschiedene Arten Mechanorezeptoren, die für unterschiedliche Druckeinwirkungen empfindlich sind. Sie ermöglichen es uns Objekte zu ertasten und zu ergreifen und sie vermitteln die Wahrnehmung der Temperatur und von Schmerz[17].

Weiterhin wird Wahrnehmung noch in das olfaktorische System (Sinne für Geruch) und in das gustatorische System (Sinne für Geschmack) eingeteilt[18]. Die Geschmackssensoren befinden sich ausschließlich auf der Zunge und die Geruchsrezeptoren im Nasen- und Rachenraum. Dabei ist physiologisch zu unterscheiden, dass es nur 4 bzw. 5 Geschmacksqualitäten (Grundqualitäten: süß, sauer, bitter, salzig, (umami)) gibt, während beim Geruch tausende verschiedene Duftstoffe unterschieden, aber oft nicht benannt, werden können[19].

1.2. Veränderung und Störung der Wahrnehmung

Aufgrund der immensen Reduktion der Datenmenge in unserem Gehirn, können wir nur einen Bruchteil der uns umgebenden physikalisch messbaren Reize wahrnehmen. Da unser Wahrnehmungsapparat uns nicht einfach nur physikalische Messwerte ins Gehirn weiterleitet, weichen unsere Wahrnehmungen manchmal mehr, manchmal weniger, bis hin zu dramatischen Abweichungen von den tatsächlichen Gegebenheiten ab.

Früher wurden solche Wahrnehmungsveränderungen oder Täuschungen

---

17 Vgl. Wendt 2014, S. 271, S. 265
18 Vgl. Goldstein/Irtel/Plata 2011, S. 362, S. 373
19 Vgl. Birbaumer/Schmidt 2006, S. 440, S. 456

oftmals als das Scheitern unseres Wahrnehmungssystems, unsere Umwelt nicht richtig abbilden zu können, deklariert. Dabei ist dies ein Indikator für intelligentes Arbeiten unseres Nervensystems, da die wahrscheinlichste und sinnvollste Konstruktion aus den verfügbaren Daten angestrebt wird. Solch ein Fall tritt beim Betrachten einer Hohlmaske eines Gesichtes von hinten auf. In diesem Fall zeigt die Nase vom Betrachter weg – scheint die Nase nach vorne zu treten, liegt dies vermutlich daran, dass unser Gehirn weiß, dass Gesichter die Nase vorne haben und wir Gesichter nicht von innen sehen[20].

1.2.1. Bedeutung und Ursachen der Wahrnehmungstäuschung

Wahrnehmungstäuschungen sind Fehlwahrnehmungen, die uns in nicht schwerwiegenden Fällen, wie z.b. bei der Münze, die elliptisch aussieht, die grünbewaldeten Berge, die aus der Entfernung blau aussehen oder bei dem geknickten Stab im Wasser, bewusst sind.

Die Ursachen für Täuschungen sind laut J. Gibson zum einen, dass die der Wahrnehmung zur Verfügung stehenden Reizinformationen inadäquat sind oder der physiologische Prozess der Informationsaufnahme gestört ist.

Beispiele für Ersteres sind widersprüchliche Informationen in der Struktur, verengte Winkelgröße der optischen Situation oder verschobene oder verzerrte räumliche und zeitliche Struktur von Ton und Licht.

Einige Täuschungen werden hauptsächlich äußeren und inneren Bedingungen zugeschrieben. Äußere Bedingungen sind Erfahrungen die z.B. durch künstliche Quellen (Bilder, Filme) oder natürliche Mittel hervorgerufen werden, oder sind mehrdeutige Erfahrungen die durch widersprüchliche Information in einem Bild entstehen. Beispiele für innere Bedingungen sind Empfindungen, die durch ungeeignete mechanische oder elektrische Reize verursacht werden. Hierzu gehören auch die Halluzinationen[21].

Als Halluzinationen werden lebhafte Wahrnehmungen in Abwesenheit von

---

[20] Vgl. Gegenfurtner 2011, Bd. 19021, S. 6, S. 7
[21] Vgl. Gibson/Kohler/Groner 1982, S. 349, S. 350, S. 382, S. 383

objektiven Stimulationen, also mentalen Konstruktionen der veränderten Realität eines Individuums, verstanden. Aufgrund der Verzerrung des Bewusstseins unter gewöhnlichen Umständen, sieht oder hört ein Individuum Dinge, die gar nicht da sind[22]. Es sind also Wahrnehmungen ohne entsprechende Reize von außen, oder sind das Fehlen von Wahrnehmungen bei vorhandenen äußeren Reizen. Je nach Art der Sinnestäuschungen spricht man von einer Geruchshalluzination, einer optischen oder einer akustischen Halluzination[23].

1.2.2. Wahrnehmungsstörung

Laut R.J. Gerrig gehören die Halluzinationen jedoch nicht zu den Wahrnehmungstäuschungen. Er zieht hier die Grenze und ordnet diese zu den Wahrnehmungsstörungen mit folgender Begründung ein: Wahrnehmungstäuschungen werden von den meisten Menschen in etwa gleich wahrgenommen, insofern die Wahrnehmungssituation übereinstimmt. Denn unsere Physiologie der sensorischen Systeme und unsere Erfahrungen im Umgang mit der Welt sind nahezu gleich. Halluzinationen gehören zu den Wahrnehmungsstörungen, da sie individuelle Erfahrungen sind, die in derselben Situation nicht von allen Menschen geteilt werden. Sie sind das Ergebnis ungewöhnlicher physischer oder psychischer Zustände. Halluzinationen werden von gesteigerter Erregung, intensiven Bedürfnissen oder der Unfähigkeit zur Unterdrückung bedrohlicher Gedanken begünstigt und treten auf, wenn das Gehirn auf unübliche Weise stimuliert wird. Beispiele dafür sind hohes Fieber, epileptische Anfälle und Migräneattacken. Sie treten auch bei Patienten mit schweren geistigen Störungen auf. Chemisch induzierte Halluzinationen werden z.B. durch die unmittelbare Wirkung von psychoaktiven Drogen wie LSD auf das Gehirn hervorgerufen[24].

Halluzinationen treten bei organischen Psychosen, psychogenen

---

[22] Vgl. Zimbardo/Gerrig/Graf 2007, S. 230, S. 231
[23] Vgl. Arnold 1997, S. 841
[24] Vgl. Zimbardo/Gerrig/Graf 2007, S. 163-164, S. 231

Ausnahmezuständen und auch bei schizophrenen Psychosen (Schizophrenien) auf[25]. Bei der psychischen Krankheit Schizophrenie können z.b. auditive Halluzinationen auftreten, sodass die Betroffenen Stimmen hören, die sie von außerhalb ihrer selbst kommend erleben[26].

1.2.2.1. Daten und Zahlen

Nach der Website von Dr. Gumpert zählen Störungen der Wahrnehmung zusammen mit den Störungen der Denkprozesse, des Handelns und der Gefühle zu den psychischen Störungen, also zu den Erkrankungen der Psyche des Menschen[27]. Das Statistische Bundesamt Wiesbaden Destatis meldet nach der ICD-10 (=„International Statistical Classification of Diseases and Related Health Problems"; Hauptdiagnose nach Europäischer Kurzliste) in 2014 1.238.830 vollstationär behandelte Patientinnen und Patienten (einschließlich Sterbe- und Stundenfälle) im Krankenhaus mit der Diagnose F00-F99 Psychische und Verhaltensstörungen. Im Jahre 2004, 10 Jahre zuvor, waren es 1.019.154 Fälle mit psychischen und Verhaltensstörungen, also 17,73% weniger als in 2014 und 20 Jahre zuvor, im Jahr 1994, waren es 37,8% weniger als in 2014, also nur 770.514 Betroffene. Es ist ein stetiger Anstieg der absoluten Anzahl der Betroffenen im Laufe der letzten zwei Jahrzehnte zu beobachten[28]. Hierbei ist jedoch möglicherweise nicht berücksichtigt, dass aus sich ändernden Diagnoseverfahren eine Präzisierung der Ergebnisse resultieren könnte.

---

[25] Vgl. Arnold 1997, S. 841
[26] Vgl. Prof. Dr. Lars Jansen 2015, 1171-01, S. 47
[27] Vgl. Dr. Nicolas Gumpert 2016
[28] Vgl. Destatis, Diagnosedaten der Patienten und Patientinnen in Krankenhäusern (PDF Download Fachserie 12 Reihe 6.2.1) 2014, S. 10

Schizophrenie

1.3. Definition

Schizophrenie ist eine Erkrankung der Gesamtpersönlichkeit und tritt im zentralen Bereich des Ichs auf und weist eine veränderte Erlebnisstruktur auf[29].

Schizophrenie ist eine in ihren Erscheinungsformen vielfältige psychische Störung. Sie kann leicht oder schwer sein, akut oder schleichend verlaufen, kurze Zeit andauern oder ein Leben lang bleiben und sie kann Junge und Alte und Frauen und Männer treffen[30].

Schizophrenie (Spaltungsirresein) ist der von E. Bleuler 1911 eingeführte Name als Ersatz für die „Dementia praecox". Er wollte die Ausdrücke „Verblödung" und „Demenz" nicht mehr in der Krankenbezeichnung haben, da sie nicht ganz passten. Laut Bleuler sind die elementarsten Störungen die Zersplitterung und Aufspaltung des Denkens, Fühlens und Wollens und des subjektiven Gefühls der Persönlichkeit. Das gesunde bleibt jedoch dem Schizophrenen erhalten, es wird nicht aufgelöst, sondern versteckt. Das Resultat der Krankheit ist die Zerfahrenheit des Denkens und des Gefühlslebens und die Unmöglichkeit sich als einheitliche Person zu empfinden (Depersonalisation). Schizophrene haben eine Behandlung nötig und bedürfen Fürsorge und Pflege[31].

1.4. Symptomatik

Bleuler zählt die Schizophrenie zu den endogenen Geistesstörungen und unterscheidet zwischen den Grundsymptomen, die in fortgeschrittenen Fällen immer zu beobachten sind, und den akzessorischen (zusätzlichen) Symptomen, die das Grundbild komplizieren und teilweise nur vorübergehend auftreten. Bleuler listet als Grundsymptome Störungen des Gedankenganges und der

---

[29] Vgl. Schulte/Tölle 1979, S. 161
[30] Vgl. Finzen 2008, S. 20
[31] Vgl. Bleuler/Bleuler/Angst 1983, S. 407, S. 408

Affektivität, Störung der Person, sekundäre Störungen von Funktionen, schizophrenes Willen und Handeln, Ambivalenz und Autismus auf. Als akzessorische Symptome nennt er Sinnestäuschungen, Wahnideen, Störungen von Sprache und Schrift und katatone Symptome. Abgesehen von den genannten stark gestörten Elementarfunktionen bleiben Wahrnehmung, Orientierung und Gedächtnis weitgehend erhalten.

Eine kurze Definition der Symptome ist folgend aufgeführt: Bei den Störungen oder der *Entgleisung des Gedankengangs*, scheint das krankhafte Denken des Erkrankten unklar, da die Gedankengänge oft ganz unterbrochen werden, er spricht zusammenhangslos und wechselt die Sprachen, weshalb in schweren Fällen das Gesagte gar nicht mehr verstanden werden kann.

Bei den *Störungen der Affektivität* wirken die Erkrankten unnatürlich in ihren Gefühlsäußerungen, also gefühlskalt oder sinnlos gereizt. Oft herrscht krankhafte Reizbarkeit, weshalb sie schwer zu behandeln sind, da sie schnell in Wut ausbrechen, laut schimpfen und manchmal sogar gewalttätig werden.

Bei der *Ambivalenz* macht die schizophrene Funktionsspaltung es möglich, dass Gegensätze, wie lachen und weinen, die sich sonst gegenseitig ausschließen, gleichzeitig auftreten.

Autismus bedeutet, dass der Betroffene in leichten Fällen teilweise und in schweren Fällen vollständig den Kontakt mit der Wirklichkeit verliert und in seiner eigenen Welt voller Wunscherfüllungen lebt, geht jedoch ein Wunsch in Erfüllung, schert er sich nicht mehr um ihn.

Bei dem *schizophrenen Willen und Handeln* spricht man von Willensschwäche, die Erkrankten wollen etwas und zugleich auch das Gegenteil. Sie glauben unter dem Einfluss Fremder zu stehen und zu handeln (Hypnotisiert-Werden, Zwangshandlungen, automatische Handlungen, Befehlsautomation). An der Störung der Affektivität und des Denkens lässt sich das schizophrene Handeln ableiten.

Bei der *Störung der Person* hat sich der Wille des Patienten verändert, er kann seine Gedanken nicht mehr lenken und empfindet alles anders. Er glaubt er wäre nicht mehr er selbst, die Begrenzung des Ichs gegenüber anderen Personen, Sachen und abstrakten Begriffen kann verwischen und er kann sich mit ihnen identifizieren.

Bei den *sekundären Störungen von Funktionen, die primär intakt bleiben*, sind

Empfindungen, Gedächtnis, Orientierung in Raum und Zeit und Aufmerksamkeit nicht direkt gestört, sondern Wahrnehmung und Orientierung sind indirekt durch Halluzinationen und Illusionen gefälscht. Wenn ein Patient seine Frau und Kind schlägt, weil er denkt sie seien beide der Satan, weiß er jedoch zugleich, dass sie seine Angehörigen sind (doppelte Orientierung).

Schizophrene mit *Sinnestäuschungen* leiden unter Halluzinationen, meistens Körper- oder Gehörhalluzinationen und hören beispielsweise anstatt Summen, Lachen, Weinen oder Donnern eher Flüstern, Sprechen oder Rufen.

Bei *Wahnideen*, besonders häufig ist der Verfolgungswahn, kann auch ein Beziehungswahn auftreten, weshalb der Patient meint, alles was geschieht, sei es ein Gewitter oder ein Krieg, stehe in Beziehung zu ihm.

Störungen von Sprache und Schrift spiegeln das schizophrene Denken wieder, da Patienten entweder viel, oft ohne etwas auszusagen oder gar nicht mehr sprechen. Der Tonfall kann abnormal (brummend, grunzend, zu langsam oder zu schnell oder extrem laut) sein oder ihre Schriftart sowie die Größe kann sich während des Schreibens ändern.

Unter *katatonen Symptomen* versteht man eine emotionelle Starre und emotionelle Entladung, da Patienten monate- und jahrelang Körperhaltungen oder Gesichtsausdrücke einnehmen, in der sie sich in einem Traumland, aufgrund massenhafter Halluzinationen aller Sinne, befinden[32].

Psychologen unterscheiden eine positive Symptomatik, also Halluzinationen, Täuschungen, Verwirrtheit und gestörtes Verhalten, die in akuten Phasen auftritt und eine negative Symptomatik, also soziale Zurückgezogenheit und Emotionslosigkeit, die in den Unterbrechungen der akuten Phasen auftritt. Nach einer Unterbrechung einer akuten Phase werden manche Patienten aber auch wieder gesund[33].

---

[32] Vgl. ebd., Bleuler/Bleuler/Angst 1983, S. 408, S. 409, S. 413, S. 415, S. 416, S. 418, S. 419, S. 421, S. 423, S. 425, S. 428
[33] Vgl. Zimbardo/Gerrig/Graf 2007, S. 690, S. 691

1.5. Unterformen der Schizophrenie

Bleuler teilt die Schizophrenie in folgende vier Hauptgestaltungen ein: paranoide Schizophrenie, Katatonie, Hebephrenien und Schizophrenie Simplex. Man spricht von einer paranoiden Schizophrenie, wenn Wahnideen und Halluzinationen im Vordergrund stehen und von Katatonie, wenn katatone Symptome im Vordergrund stehen. Von Hebephrenien spricht man bei Schizophrenen im Jugendalter mit geziert-pathetischem, läppisch-clownartigem, oder flegelhaft-enthemmtem Benehmen. Von einer Schizophrenie Simplex spricht man dann, wenn die Krankheit schleichend verläuft und wenn die Symptome wie Zerfahrenheit und Autismus über Jahre hinweg zunehmen[34]. Die ICD-10 teilt die Schizophrenie in neun Unterteilungen ein, auf welche ich in dieser Hausarbeit jedoch nicht eingehen werde, da die Art der Symptome von Krankheitsepisode zu Krankheitsepisode wechseln kann und eine Einteilung willkürlich festgelegt ist, da sich nur an dem jeweiligen Zustandsbild und nicht am langfristigen Verlauf orientiert wird. Zudem bringt eine Zuordnung dem Erkrankten wenig. Die Diagnose ist mehr eine Arbeitshilfe, indem sie einen komplexen Zusammenhang verkürzt[35].

1.6. Ursachen und Anlässe

Es gibt viele offene Fragen warum manche an Schizophrenie erkranken und warum andere nicht. Bis heute weiß niemand, wie Schizophrenie entsteht oder worin die Ursachen dafür liegen. Nach dem heutigen Stand der Forschung gibt es folgende Antwort: an Schizophrenie erkrankte Menschen sind empfindsamer gegenüber Innen- und Außenreizen, sie sind verletzlicher als andere durch Belastungen der sozialen Umgebung, durch die psychischen Wirkungen körperlicher Erkrankungen und durch eigene innere Konflikte[36].

---

[34] Vgl. Bleuler/Bleuler/Angst 1983, S. 436, S. 437, S. 438, S. 440
[35] Vgl. Finzen 2008, S. 71, S. 72
[36] Vgl. ebd., Finzen 2008, S. 73

1.6.1. Sozialpsychiatrische und psychologische Konzepte

Ein Ansatz der Sozialpsychiatrie und Psychologie für das Entstehen von Schizophrenie, ist der *Labeling-Ansatz,* welcher davon ausgeht, dass sich Menschen, die später schizophren genannt werden, gezwungen fühlen die Rolle des Schizophrenen auszuleben, weil sie aufgrund früherer Verhaltensäquivalente (abweichende Verhaltensformen von dem normalen sozialen Umgang wie z.B. Aufdringlichkeit/ Zurückgezogenheit) schon als solche behandelt wurden. Auch wenn man heute sagt, dass dieser Ansatz zu einfach ist, ist man sich einig, dass die Art und Weise des Umgangs und die sozialen Reaktionen auf die Erkrankten, den Krankheitsverlauf beeinflussen, die Identität des Betroffenen beschädigen und dessen Rückkehr in die normale Umgebung erschweren.

Ein weiteres Beispiel ist der *Life-Event-Ansatz,* welcher lebensverändernde Ereignisse als Ausbruch schizophrener Psychosen sieht. In Betracht kommende Ereignisse können äußerlich wie z.b. ständige Überforderung, Katastrophen oder auch ein Wohnungsumzug sein. Sie können aber auch zwischenmenschlich wie z.b. Verlusterlebnisse oder neue, intensive Beziehungen sein. Unabhängig von der Life-Event-Forschung können schizophrene Psychosen auch durch Übergangssituationen, wie der Übergang von der Schule zum Studium, durch Ablösungssituationen, wie Ablösung vom Elternhaus und durch Trennungssituationen, wie das Scheitern einer Partnerschaft, ausgelöst werden[37].

1.6.2. Biologisch-psychiatrische Aspekte

Es gibt Hinweise darauf, dass Menschen, bei denen später Schizophrenie diagnostiziert wird, Geburts- und vorgeburtliche Komplikationen, wie frühkindliche Hirnschädigungen, festzustellen sind. Frühe Störungen der

---

[37] Vgl. ebd., Finzen 2008, S. 74, S. 75, S. 76, S. 78, S. 79

Hirnentwicklung können die biologische Reifung und psychische Entwicklung beeinträchtigen und somit zur erhöhten Verletzlichkeit (auch = Vulnerabilität) des betroffenen Menschen beitragen. Die Theorie der *Gehirnentwicklungsstörungen* integriert beispielsweise, dass Grippeerkrankungen von Müttern im zweiten Drittel der Schwangerschaft zu einem erhöhten Schizophrenierisiko bei deren Kinder führen.

Bei der *epidemiologischen Vererbungsforschung* fällt vor allem die Häufung von schizophrenen Psychosen in bestimmten Familien, bei Geschwistern, oder noch spezifischer, bei Zwillingen auf. Psychosen kommen in Familien mit schizophrenen Angehörigen gehäuft vor. Geschwister von Schizophrenen haben mit einem Erkrankungsrisiko von 6-12%, Kinder eines schizophrenen Elternteils von 9-16% und Kinder mit zwei erkrankten Elternteil von 20-50% zu rechnen.

Es gibt psychologische, soziale und biologische Vorstellungen für mögliche Ursachen für Psychosen aus dem schizophrenen Formenkreis. Aber alle diese Befunde, Erklärungsmodelle und Ansätze liefern keine Erklärung für die Entstehung der Erkrankung und das trotz über 100 Jahren Schizophrenieforschung[38].

1.7. Zahlen und Daten

In psychiatrischen Krankenhäusern stellen die schizophrenen Patienten zwei Drittel der Gesamtpatientenzahl dar, denn Schizophrenie ist nach den Alterspsychosen die häufigste Psychose[39]. Zudem ist das Risiko an Schizophrenie zu erkranken generell nicht gering und Frauen und Männer erkranken etwa gleich häufig. Besonders oft erkranken Frauen zwischen 25 und 35 Jahren und Männer schon zwischen dem 15. und 35. Lebensjahr[40]. Aktuellere Zahlen hierzu bringt das Statistische Bundesamt Wiesbaden: Von den bereits in Kapitel 2.2.2 genannten 1.238.830 F00-F99 Patientinnen

---

[38] Vgl. Ebd., Finzen 2008, S. 83, S. 84, S. 85, S. 86, S. 87, S. 89, S. 90, S. 91
[39] Vgl. Schulte/Tölle 1979, S. 161
[40] Vgl. Finzen 2008, S. 87

und Patienten, sind 90.013 Fälle auf die Diagnose F20 Schizophrenie zurückzuführen, womit diese auf Platz 4 der 10 häufigsten psychischen und Verhaltensstörungen in 2014 fällt (Anlage 1). Bei Männern ist Schizophrenie die zweithäufigste Diagnose (Anlage 3), wohingegen bei Frauen Schizophrenie nur auf Platz 5 der 10 häufigsten psychischen Störungen in 2014 ist (Anlage 2)[41]. Ab einem Alter von 15 Jahren ist bei den an Schizophrenie Erkrankten ein signifikanter Anstieg der Fälle von Erkrankungen zu beobachten. Der Peak ist bei der Altersgruppe der 30-35 Jährigen mit über 12.000 Erkrankten. Nach einem Absinken folgt ein Plateau mit ca. 10.000 Erkrankten in den Altersgruppen der 35 bis 55 Jährigen. Anschließend gibt es einen flachen Rückgang der Erkranktenzahlen[42].

1.8. Konsequenz für Betroffene

Das Erleben und Verhalten der Erkrankten, ist oft für andere nicht mehr verständlich und nachvollziehbar. Dies bestimmt während der Erkrankung die Art und Weise wie die Erkrankten mit anderen umgehen und wie diese auf sie reagieren. Denn Mitmenschen reagieren, solange die Krankheit nicht erkannt und anerkannt ist, mit Unverständnis. Sie erwarten dann von den Erkrankten, dass sie den üblichen mitmenschlichen Umgang einhalten und sich normal, also wie andere Menschen, verhalten. Dabei wissen die Erkrankten zu Beginn ihres Leidens selbst nicht, was sich in ihnen abspielt und reagieren mit sozialer Lähmung und gefühlsmäßigen Rückzug und kommen beispielsweise nicht mehr pünktlich und unregelmäßig zur Arbeit. Zur Ratlosigkeit über die Veränderung der eigenen Persönlichkeit kommen die Vorurteile der Umwelt. Die Mitmenschen ahnen nichts von den Stimmen, die den Erkrankten im Gespräch mit ihnen, zusätzlich beschäftigen, von ihrer Angst und Schreckhaftigkeit und ahnen nicht, dass das Gefühlsleben der Erkrankten ebenfalls gestört ist. Aus solch einem Psychose-bedingten „Einander-nicht-verstehen-Können", kann

---

[41] Vgl. Destatis, Die 10 häufigsten psychischen und Verhaltensstörungen 2014
[42] Vgl. Destatis, Diagnosedaten der Patienten und Patientinnen in Krankenhäusern (PDF Download Fachserie 12 Reihe 6.2.1) 2014, S. 23

viel Leid, Zorn, Bedrückung, Gefühle von Gereiztheit und Bedrohung, Hilfslosigkeit und Ratlosigkeit, aber auch Aggressivität bis hin zur Handgreiflichkeit entstehen.

Vor dem Erkennen und Begreifen, dass eine Krankheit vorliegt, entstehen zwischen den Erkrankten und den Angehörigen heftige Konflikte, Abbrüche von Freundschaften, sozialer Rückzug der Betroffenen, Ausschluss aus Vereinigungen und Gruppen, Berufs- und Wohnungsverlust und teilweise bis hin zur Verwahrlosung.

Körperlich Kranke werden von einem Großteil ihrer sozialen Pflichten befreit, psychisch Kranke hingegen, befinden sich in einer anderen Lage. Sie sind nicht nur durch die Krankheit selbst, sondern auch durch die unsichere soziale Rollenzuordnung mit dem Verlust ihrer Identität bedroht.

Zudem ist das Erkennen, Anerkennen und Abgrenzen der Merkmale und Symptome der Psychosen aus dem schizophrenen Formenkreis, also das Bestimmen einer Diagnose, nicht einfach. Wie man an den zahlreichen, in Kapitel 2.4 und 2.5 aufgeführten, Symptomen und Unterformen der Schizophrenie sieht, besteht die Schizophrenie nicht aus einem klar, abgrenzbaren Krankheitsbild, da die Vielfalt der möglichen Symptome, die im Lehrbuch Bleulers aufgelistet sind, nur zu einem Bruchteil auftreten können. Weiterhin überschneiden sich viele schizophrene Symptome mit denen anderer, sozusagen benachbarter, psychischer Krankheiten, wie z.B. Depression, Manie, abnorme Persönlichkeit und Neurose, wobei die Abgrenzungen dieser Krankheiten wiederum je nach Land unterschiedlich definiert bzw. verstanden werden.

Jedoch ist es notwendig die Schizophrenie-Diagnose zu sichern, denn Schizophrenie ist, zumeist sogar gut, behandelbar. Die Verleugnung oder die Verdrehung dieser Diagnose stiftet schweren Schaden[43], denn Patienten die keine Krankheitseinsicht haben, lehnen oft die Behandlung in einer psychiatrischen Abteilung ab. Vom Arzt hängt es also ab, ob er den Patienten überzeugt bekommt und damit eine richterliche Unterbringung vermeidet[44]. Zudem haben die Betroffenen einen Anspruch darauf zu erfahren, was mit

[43] Vgl. Finzen 2008, S. 26, S. 27. S. 28, S. 33, S. 34, S. 62, S. 61
[44] Vgl. Schulte/Tölle 1979, S. 360

ihnen ist. Dennoch sollte man den betroffenen Patienten nicht während einer akuten Psychose mit der Diagnose konfrontieren. Erst wenn die akute Symptomatik abgeklungen ist und der Patient seine Zukunft wieder anfängt zu planen, besteht der Anspruch auf konstruktive Aufklärung und professionelle Hilfe bei der Bewältigung der Psychose und ihrer Folgen. Heute wissen wir, dass die aktive Mitarbeit der Patienten bei der Behandlung, also das Wissen über ihre Erkrankung, die Genesungschancen stark verbessert[45].

1.9. Behandlungsmöglichkeiten

Im Gegensatz zu den Vorurteilen, ist Schizophrenie, wie bereits gesagt, gut behandelbar. Betroffene sind durch die Therapie zwar nicht heilbar, aber die Symptome können gut beeinflusst und oft sogar beseitigt werden. Der Verlauf lässt sich durch konsequente Behandlung und Rückfallprophylaxe mildern und soziale Folgen können abgefedert bzw. in Zusammenarbeit mit den Erkrankten überwunden werden. Die Schizophrenietherapie ist eine komplexe Angelegenheit, die Kenntnisreichtum, Erfahrung, Geduld und Engagement verlangt und fordert das Zusammenwirken von psychotherapeutischen, pharmakotherapeutischen und soziotherapeutischen Ansätzen.

Es besteht Einigkeit darüber, dass die Therapie ohne den Einsatz von Psychopharmaka unter normalen Bedingungen kaum möglich ist. Bei vielen Erkrankten können zwar die Symptome auf längere Sicht auch ohne Medikamente abklingen, jedoch muss mit dem Verlust der sozialen Rolle in Beruf, Familie und Bekanntenkreis und einem unverhältnismäßigen Leiden für den Patienten gerechnet werden.

Die zur Therapie von Schizophrenie eingesetzten Medikamente heißen *Neuroleptika*, welche sich spezifisch auf psychotische Symptome auswirken, ohne die Ursachen der Psychose zu beeinflussen, und bewirken eine Besserung der teilweise quälenden psychotischen Symptome, wie Verfolgungsangst, psychomotorische Erregung, Halluzinationen oder

---

[45] Vgl. Finzen 2008, S. 61

Denkstörungen. Der Patient reagiert weniger empfindlich auf Außen- und Innenreize, weshalb es ihm hilft, sich gelassener mit Konflikten in emotional aufgeladenen Situationen auseinander zu setzen.

Es wird in hochpotente und niederpotente Neuroleptika unterschieden. Hochpotente Neuroleptika, beeinflussen akute Symptome wie Angst, psychomotorische Erregung, Verfolgungsideen, Halluzinationen und Denkstörungen und mildern das Leiden rasch. Niederpotente Neuroleptika wirken sedierend und haben eine schwache antipsychotische Wirksamkeit. Sie sollten langsam aufdosiert werden, was die Einsatzmöglichkeit bei akuten Psychosen begrenzt. Niederpotente Neuroleptika werden in der Regel in 100-mg-Dosen und hochpotente Neuroleptika in unter 10-mg-Dosen verabreicht. Bei der Vielfalt der Medikamente sind allgemeine Dosierungsempfehlungen nicht möglich. Die angemessene Diagnose hängt von der jeweiligen Situation, dem Akutheitsgrad der Psychose und der individuellen Empfindlichkeit des Patienten ab. Allgemein kann man jedoch festhalten, dass höhere Dosen in akuten Psychosen und niedrigere Dosen zur Rückfallprophylaxe verwendet werden und dass Ersterkrankungen möglichst niedrig dosiert werden.

Die *Psychotherapie* bei Schizophrenie-Erkrankten muss pragmatisch und flexibel gestaltet werden und Rücksicht auf den jeweiligen Seelen- und Gesundheitszustand des Erkrankten genommen werden.

Die Patienten brauchen Unterstützung bei der Selbstprüfung, bei der täglichen Konfrontation zwischen erlebter Welt und äußerer Realität und die Hilfe zur Ich-Findung, zur Abgrenzung von anderen Menschen und deren persönlichen Wertsystemen. Es ist für die Erkrankten die Prüfung und Bewältigung der Wirklichkeit[46].

Es gibt verschiedene psychologische Behandlungsverfahren der Psychotherapie. Beispiele dafür sind, Familieninterventionen und den Einbezug von Angehörigen, Training sozialer Fertigkeiten und Ergotherapie. Bei der Ergotherapie wird beispielsweise die Kompetenz für die Bewältigung von Alltagsaufgaben und sinnvoller Freizeitgestaltung sowie die Erhaltung oder Wiederherstellung von Fähigkeiten und Fertigkeiten, welche für eine Berufsfähigkeit relevant sind, erhöht. Bei den Trainings für soziale Fertigkeiten

---

[46] Vgl. Ebd., Finzen 2008, S. 125, S. 126, S. 128, S. 129, S. 130, S. 131, S. 132, S. 134

werden in Gruppen- oder Einzelsitzungen Rollenspiele, verbale und nicht-verbale Kommunikation bis hin zur Konversation geübt. Beim Einbezug der Angehörigen werden diese zur Behandlung hinzugezogen und es werden Vertrauensverhältnisse zwischen Patient und Angehörigen gestärkt.

Die Ziele der psychologischen Behandlungsverfahren bei schizophrenen Erkrankungen sind die Verminderung der Vulnerabilität (Verletzlichkeit), die Verringerung von ungünstigen Einflüssen äußerer Stressoren, Lebensqualitätsverbesserung, die Verringerung der Krankheits-Symptome und die Förderung und Verbesserung von Fähigkeiten zur Kommunikation und Krankheitsbewältigung[47].

Wegen der sozialen Folgeschäden und den tief greifenden Störungen im zwischenmenschlichen Bereich, bedürfen chronisch psychisch Erkrankte, über die medizinische Betreuung hinaus, umfassender Betreuungsangebote, was unter die *soziotherapeutischen Maßnahmen* fällt. Über die Behandlung, Pflege und Rehabilitation hinaus, bedarf es der Förderung familiärer Wohnformen, des Aufbaus beschützender Einzelwohnung und Wohngruppen oder Wohn- und Übergangsheimen. Es bedarf der beruflichen Rehabilitation, der Initiierung von Selbsthilfebetrieben sowie begleitenden Hilfen im Beruf und es bedarf der Unterstützung bei der Teilnahme am Leben der Gemeinschaft der Gesunden, Hilfen zur Strukturierung des Alltags, der Förderung beim Aufbau zwischenmenschlicher Beziehungen und Freizeitangeboten[48].

2. Kritische Diskussion

Wenn ein Mensch glaubt, dass es einen einheitlichen Weg gebe die Krankheit Schizophrenie zu beschreiben, zu erkennen oder zu behandeln, liegt derjenige falsch, denn es bedarf einer gut an den individuellen Patienten angepassten Psychotherapie in Kombination mit Psychopharmaka, um eine Verbesserung

---

[47] Vgl. Deutsche Gesellschaft für Psychiatrie, Psychotherapie u. Nervenheilkunde DGPPN 2006, Bd. 1, S. 206, S. 208, S. 209, S. 211
[48] Vgl. Finzen 2008, S. 139, S. 140

der Symptome und eine eventuelle Genesung zu bewirken. Dies wiederum erfordert, dass der Patient zur Behandlung in einer psychiatrischen Klinik einwilligt und zum richtigen Zeitpunkt vom entsprechenden Arzt aufgeklärt wird. Während der Behandlung spielt das Mitwirken des Patienten eine große Rolle, da dieses die Genesungschancen erheblich verbessert. Jedoch ist auch die Unterstützung von Angehörigen gefragt, auch wenn die zwischenmenschlichen Beziehungen während der schizophrenen Erkrankung leiden. Es bedarf der Erläuterung der Umstände und der Bedeutsamkeit des Mitwirkens der Angehörigen durch den Arzt. Denn mit sozialer Unterstützung ist jede Hürde einfacher zu überwinden und die anschließende Rückkehr ins frühere Leben ist einfacher. Wir Menschen sind nun Mal auf soziale Beziehungen angewiesen, denn wir sind von Natur aus keine Einzelkämpfer, sondern ‚Rudeltiere', und daher können wir nur von sozialer Hilfe profitieren.

Auch soziotherapeutische Maßnahmen spielen eine wichtige Rolle für den Patienten um gegebenenfalls vollständig zu genesen und um in sein früheres Leben zurückzukehren. Eine zusätzliche Unterstützung zu den Angehörigen, z.B. beim Wiederaufbau des sozialen und beruflichen Umfelds, muss gesichert werden. Schließlich ist die Pflege eines geliebten Menschen durchaus auch eine starke seelische und körperliche Belastung für jeden Angehörigen. Ein Beispiel wäre eine Pflegeperson für den Schizophrenen, die mit ihm, wie bei alterskranken Menschen auch, zusammen wohnt. Sie könnte täglich mit dem Patienten die Kommunikation üben und auf Gespräche mit anderen Menschen trainieren. Sie kann für den Patienten Aufgaben erledigen und sich darum kümmern, dass der Patient seine Medikamente regelmäßig einnimmt, ihm helfen eine Bewerbung zu verfassen und später mental und äußerlich auf ein Bewerbungsgespräch vorzubereiten. Der Patient lernt wieder, was es heißt außerhalb der Psychiatrie zu leben, denn nur so ist eine vollständige Rückkehr in die Gesellschaft möglich.

Ergänzend dazu, sollte natürlich weiterhin zur allgemeinen Aufklärung der Gesellschaft beigetragen werden, denn obwohl wir im Jahre 2016 leben, stimmt das, was wir von Schizophrenie denken, nicht mit der Wirklichkeit überein. Unser Verhalten und unsere Reaktionen gegenüber einem Schizophrenen kann seine Genesung beeinträchtigen. Psychisch Kranke sollten die gleiche soziale Rolle haben, wie körperlich Kranke. Schließlich macht es keinen Unterschied, ob ein Pflegebedürftiger aufgrund einer Gehbehinderung den Einkauf nicht selbstständig erledigen kann, oder ob ein genauso Pflegebedürftiger, aufgrund einer akuten Phase der Psychose, nicht aus dem Haus gehen kann, um den Einkauf zu tätigen.

Die Krankheit Schizophrenie, sollte nicht nur den betroffenen Angehörigen erklärt werden, sondern jedem beliebigen Menschen. Um allgemein mehr Klarheit über psychische Krankheiten zu schaffen, könnte man bereits in der Schule Kindern und Jugendlichen im Biologie-Unterricht, ebenso wie Sexualkunde, solche Krankheiten erklären. Junge Menschen sind schließlich noch unvoreingenommen und können leichter in ihrem Meinungsbild umgestimmt werden.

3. Fazit und Ausblick

Wir kommen jeden Tag in Berührung mit Sinnestäuschungen bzw. Wahrnehmungstäuschungen, die uns oft, gerade bei optischen Täuschungen, bewusst sind. Diese Erkenntnis teilen mehrere Menschen, jedoch ist dies nicht bei den Wahrnehmungsstörungen und den darunterfallenden Halluzinationen der Fall. Das Auftreten von Halluzinationen kann durch hohes Fieber ausgelöst werden, jedoch können sie auch Teil der Symptome von der Krankheit Schizophrenie sein. Sie können Grund dafür sein, dass ein Schizophrener anstatt der Umweltgeräusche Flüstern, Sprechen oder Rufe fremder Stimmen hört oder können bei einer katatonen Schizophrenie eine emotionelle Starre über Jahre hinweg auslösen. Schizophrenie ist zwar durch Psychopharmaka, Sozio- und Psychotherapie gut behandelbar, jedoch gibt es Patienten die ihr Leben lang im Krankenhaus verbringen müssen und nie wieder im Stande sein werden ein normales Leben zu führen. Faktoren, die dazu beitragen den Genesungsprozess und die damit verbundene Wiedereingliederung in die Gesellschaft zu erschweren, sind die Vorurteile und Ängste die die Gesellschaft vor Schizophrenen hegt, da sie aufgrund fehlender Aufklärung nicht versteht, was diese Krankheit bedeutet. Ziel ist es, das Leid der Betroffenen soweit zu vermindern wie möglich, indem ihnen zum einen die Gesellschaft einen Platz einräumt und zum anderen, das die Forschung zur Entstehung und Vorbeugung von Schizophrenie vorangetrieben wird.

Dementsprechend bezwecke ich mit dieser Hausarbeit ein wenig Licht ins Dunkel zu bringen, um bei Voreingenommenen ein wenig Verständnis und Mitgefühl für die Betroffenen zu wecken.

Anlagen

Die 10 häufigsten psychischen und Verhaltensstörungen

| Insgesamt | Frauen | Männer |

Vollstationär behandelte Patientinnen und Patienten (einschließlich Sterbe- und Stundenfälle) im Krankenhaus nach der ICD-10 in 2014

ICD-10	Diagnose/Behandlungsanlass	Anzahl
F00-F99	Psychische und Verhaltensstörungen	1 238 830
F10	Psychische und Verhaltensstörungen durch Alkohol	340 500
F33	Rezidivierende depressive Störung	136 045
F32	Depressive Episode	125 623
F20	Schizophrenie	90 013
F43	Reaktionen auf schwere Belastungen und Anpassungsstörungen	70 904
F45	Somatoforme Störungen	43 030
F05	Delir, nicht durch Alkohol oder andere psychotrope Substanzen bedingt	41 918
F19	Psychische und Verhaltensstörungen durch multiplen Substanzgebrauch und Konsum anderer psychotroper Substanzen	35 798
F11	Psychische und Verhaltensstörungen durch Opioide	33 686
F60	Spezifische Persönlichkeitsstörungen	31 547

Abbildung 1 (Anlage 1) – Die 10 häufigsten psychischen und Verhaltensstörungen nach dem ICD-10
insgesamt, Jahr: 2014, Quelle:
https://www.destatis.de/DE/ZahlenFakten/GesellschaftStaat/Gesundheit/Krankenhaeuser/Tabellen/Psychi
scheVerhaltensstoerungen.html

Die 10 häufigsten psychischen und Verhaltensstörungen

| Insgesamt | **Frauen** | Männer |

Vollstationär behandelte Patientinnen (einschließlich Sterbe- und Stundenfälle) im Krankenhaus nach der ICD-10 in 2014

ICD-10	Diagnose/Behandlungsanlass	Anzahl
F00-F99	Psychische und Verhaltensstörungen	577 444
F10	Psychische und Verhaltensstörungen durch Alkohol	92 582
F33	Rezidivierende depressive Störung	87 746
F32	Depressive Episode	74 854
F43	Reaktionen auf schwere Belastungen und Anpassungsstörungen	40 597
F20	Schizophrenie	36 371
F45	Somatoforme Störungen	28 857
F60	Spezifische Persönlichkeitsstörungen	24 215
F05	Delir, nicht durch Alkohol oder andere psychotrope Substanzen bedingt	22 442
F25	Schizoaffektive Störungen	18 711
F41	Andere Angststörungen	18 328

Abbildung 2 (Anlage 2) - Die 10 häufigsten psychischen und Verhaltensstörungen nach dem ICD-10 bei Frauen, Jahr: 2014, Quelle:
https://www.destatis.de/DE/ZahlenFakten/GesellschaftStaat/Gesundheit/Krankenhaeuser/Tabellen/Psychi scheVerhaltensstoerungen.html

Die 10 häufigsten psychischen und Verhaltensstörungen

| Insgesamt | Frauen | **Männer** |

Vollstationär behandelte Patienten (einschließlich Sterbe- und Stundenfälle) im Krankenhaus nach der ICD-10 in 2014

ICD-10	Diagnose/Behandlungsanlass	Anzahl
F00-F99	Psychische und Verhaltensstörungen	661 385
F10	Psychische und Verhaltensstörungen durch Alkohol	247 918
F20	Schizophrenie	53 642
F32	Depressive Episode	50 769
F33	Rezidivierende depressive Störung	48 299
F43	Reaktionen auf schwere Belastungen und Anpassungsstörungen	30 307
F19	Psychische und Verhaltensstörungen durch multiplen Substanzgebrauch und Konsum anderer psychotroper Substanzen	27 124
F11	Psychische und Verhaltensstörungen durch Opioide	25 257
F05	Delir, nicht durch Alkohol oder andere psychotrope Substanzen bedingt	19 476
F45	Somatoforme Störungen	14 173
F06	Andere psychische Störungen aufgrund einer Schädigung oder Funktionsstörung des Gehirns oder einer körperlichen Krankheit	12 342

Abbildung 3 (Anlage 3) - Die 10 häufigsten psychischen und Verhaltensstörungen nach dem ICD-10, Jahr: 2014 bei Männern, Quelle:
https://www.destatis.de/DE/ZahlenFakten/GesellschaftStaat/Gesundheit/Krankenhaeuser/Tabellen/Psychi scheVerhaltensstoerungen.html

Literaturverzeichnis

Arnold, Wilhelm (Hg.), *Lexikon der Psychologie*, Augsburg 1997.

Birbaumer, Niels und Robert Franz Schmidt, *Biologische Psychologie. Mit 41 Tabellen ; [Bonusmaterial im Web]*, 6. Aufl., Heidelberg 2006 (*Springer-Lehrbuch*), http://lib.myilibrary.com/detail.asp?id=61757.

Bleuler, Eugen, Manfred Bleuler und Jules Angst, *Lehrbuch der Psychiatrie*, 15. Aufl., Berlin 1983.

Destatis, Diagnosedaten der Patienten und Patientinnen in Krankenhäusern (PDF Download Fachserie 12 Reihe 6.2.1), 2014, https://www.destatis.de/DE/Publikationen/Thematisch/Gesundheit/Krankenhaeu ser/DiagnosedatenKrankenhaus.html (abgerufen am 7. Oktober 2016).

Destatis, Die 10 häufigsten psychischen und Verhaltensstörungen. Vollstationär behandelte Patientinnen und Patienten (einschließlich Sterbe- und Stundenfälle) im Krankenhaus nach der ICD-10 in 2014, 2014, https://www.destatis.de/DE/ZahlenFakten/GesellschaftStaat/Gesundheit/Kranke nhaeuser/Tabellen/PsychischeVerhaltensstoerungen.html (abgerufen am 7. Oktober 2016).

Deutsche Gesellschaft für Psychiatrie, Psychotherapie u. Nervenheilkunde DGPPN, *Behandlungsleitlinie Schizophrenie. Praxisleitlinien in Psychiatrie und Psychotherapie*, Darmstadt 2006 (*Praxisleitlinien in Psychiatrie und Psychotherapie* 1), http://site.ebrary.com/lib/alltitles/docDetail.action?docID=10183243.

Dr. Nicolas Gumpert, Psychische Störung, 8. August 2016, https://www.dr-gumpert.de/html/psychische_stoerung.html (abgerufen am 7. September 2016).

Finzen, Asmus, *Schizophrenie. Die Krankheit verstehen*, 8. Aufl., Bonn 2008.

Gegenfurtner, Karl R., *Gehirn und Wahrnehmung. Eine Einführung*, Frankfurt, M. 2011 (*Fischer* 19021).

Gibson, James Jerome, Ivo Kohler und Marina Groner, *Die Sinne und der Prozeß der Wahrnehmung*, 2. Aufl., Bern 1982.

Goldstein, Eugen Bruce, Hans Irtel und Guido Plata (Hg.), *Wahrnehmungspsychologie. Der Grundkurs*, 7. Aufl., Berlin 2011.

Prof. Dr. Lars Jansen, *Studienbrief. Wahrnehmung*, 1171-01, 2015. Aufl., Lange Straße 19, 88499 Riedlingen 2015.

Schulte, Walter und Rainer Tölle, *Psychiatrie*, 5. Aufl., Berlin 1979.

Wendt, Mike, *Allgemeine Psychologie - Wahrnehmung*, Göttingen 2014, http://elibrary.hogrefe.de/9783840922886.

Zimbardo, Philip G., Richard J. Gerrig und Ralf Graf (Hg.), *Psychologie*, 16. Aufl., München 2007 (*ps Psychologie*), http://www.gbv.de/dms/faz-rez/FNUW1999060989973.pdf.

Internetquellenverzeichnis

Destatis, Die 10 häufigsten psychischen und Verhaltensstörungen. Vollstationär behandelte Patientinnen und Patienten (einschließlich Sterbe- und Stundenfälle) im Krankenhaus nach der ICD-10 in 2014, 2014, https://www.destatis.de/DE/ZahlenFakten/GesellschaftStaat/Gesundheit/Kranke nhaeuser/Tabellen/PsychischeVerhaltensstoerungen.html (abgerufen am 7. September 2016).

Dr. Nicolas Gumpert, Psychische Störung, 8. August 2016, https://www.dr-gumpert.de/html/psychische_stoerung.html (abgerufen am 7. September 2016).